JN411172

사과의 진실

배경희 시집

시인동네 시인선 183

배경희 시집

사과의 진실

시인동네

시인의 말

나는 검은색이었다.

없는 듯 안이 보이지 않았다.

상실, 은밀함, 불안, 매혹, 결핍, 소멸 등이
나의 고도였다.

마지막 숨을 수 있는 구멍을 찾는다.

2022년 9월
배경희

차례

제2부

제3부

제4부

제1부

검은 DNA

칠판을 긁었다, 날카로운 금속성

뇌 속에 인지되는 저 비명이 나는 싫다

거대한 공룡이었을까 몸을 숨기고 있나

뭔지는 모르지만 무서운 게 틀림없어

먼 옛날 혹시 나는 고라니 염소였을까

내 몸속 기억하는 것, 강한 것의 두려움들

연둣빛 풀들 사이 검은색이 꿈틀한다

천년의 고요를 심장 속에 감추었나

한겨울 바람 소리에도 온몸이 붉어진다

목기린

현대판 자연인이 될까 봐 두렵나요

현실과 상상을
맞바꾸며 살아가는

당신은 철학적인 삶을 진짜로 원하나요

살갗을 뚫고 나온 저 붉은 가시들은
몸속의 물방울로 여분을 살아가요

땡볕이 양식이었고 사막의 표시들이죠

과대망상 손가락질 그냥 웃고 넘어가요
당신의 가슴속에 갸릉갸릉 들끓는

붉은색 여우 한 마리를
몸에서 꺼내 봐요

혼자 밥을 먹었다

중심엔 겨울이 있어 바람이 많았다

세상이 힘들어서
가끔씩 커튼을 걷고

창밖을 바라보다가 혼자 밥을 먹었다

가벼운 낙엽들은 새라도 되려는지
한 번씩 부풀어서 올랐다 떨어졌다

존재는 무엇일까 하다 봄을 기다린다

그러나 다가오는
겨울의 찬 감정들

자신의 방향에 잠긴 바람의 뒷모습을

인생은 아무 말 없이 참 오래 서성인다

당신의 고요

물속의 꽃다발을 지그시 누르면
떠오르려 발버둥을 치는 꽃 이파리
더러는 물에 잠기기도 해
그것은 상처야

천천히 바닥으로 깊이 가라앉을수록
얼굴이 사라지고 바람도 날아가지
봄날을 살푯 두드리던 요일이 지워져가

탁한 물병 속에서
꽃잎은 조용했어

침묵을 앓았던 무의식 인형들이
창문 밖 약국에 가면 우르르 쏟아지듯

상처도 유기체야
익숙해진 어둠처럼

당신의 고요도 오랜 시간이 걸렸다며

의사는 붉은 열매를 먹으라고 처방했어

엉덩이의 몽상

덜 깬 듯 누워 있는
검은색 소파 위에

젖은 몸을 눕힌다 엉덩이의 몽상이듯
헛잠에 여러 생각이 중심을 잃고 헤맨다

아직도 서성이는
또 다른 바깥에서

부정의 시간들이 어둠에 휘어지고
애끓은 붉은 생각이
코르크에 갇혀 있다

이웃집 꽃을 태우던
화가가 죽었다

썩지 않는 꿈에서 썩은 꿈을 꾸려고
소파가 구덩이를 판다 검을수록 차분했다

그림의 뒷모습

장미도 그림도 질문하지 않았어요

바람에 흔들리는
나무도 없었고

꽃들도 앞만 바라보고 시들지 않았어요

장미를 그리면 장미라고 기억하듯
닫힌 문과 열린 문 차이를 몰랐어요
수평적 시선 때문에
베이컨은 불편했어요

상실과 괴로움에
뭉개지고 겹친 얼굴

짐승이 인간에게 본색을 물어보듯

굴절된 거울 속 얼굴이 뒷모습으로 다가와요

꽃의 역설

낮은 공간 좁은 창 밑
꽃병을 바라본다

발이 시린 탓일까 목이 흰 달리아

생각이 꽃을 자른다
날카로운 꽃잎들

갇혔다 불안했다
고독했다 우울했다

고동치는 붉은색 바깥으로 튀어갈 듯

꽃들은 붉은 사자처럼 으릉으릉 절규한다

희망은 먼 곳으로부터

나뭇가지 툭 꺾이며
고요가 놀란다

덜 익은 도토리가
의지 없이 떨어지듯

말없이 지는 가을을 바라보는 늙은 남자

의자를 다 태우고
아스피린을 끊었다

평범한 시간들을
햇빛처럼 읽어줄 때

희망은 먼 곳으로부터 뿌리를 발견한다

고양이와 나

나는 너무 조용해서 사는 게 힘들어

거울 속 화장을 수없이 닦아내도

쥐 같아,
어둠 속에서만 숨 쉬고 바스락대

그림도 가방도 가끔씩 소리를 내
고양이의 긴 고요를 밤마다 들을 때면

슬픔이 더 웃자라곤 해,
너와 나는 결국 같아

이해라는 눈동자가
불안하게 커져갈 때

두 발의 탐색은 소리의 두려움일까

달빛의 여우 꼬리가
다리를 문지른다

고독했으므로

겨울에도 미나리는 싱싱하고 파랬다

처음으로 나체가 질문을 하는 날

바람이 고독했으므로 푸른 잎을 뜯어냈다

생살을 찢어내는 그 여린 고통만이

깊은 어둠 속에서도 촛불을 밝혀내듯

야생의 스물한 살이 지붕 위로 펼쳐졌다

허기

의자를 거꾸로 들고
세상을 바라보며

얼굴을 수시로 모자 속에 구겨 넣고
도시 밖 반지하에서 박쥐처럼 살았다

안개 같은 미래에 찬밥이 정해진 채
신데렐라 구두에 웃음을 끼워 넣고
시간을 잃어버렸다 헛배만 불러왔다

길을 걷다 허기는
허공에게 묻는다

어디서 내 얼굴을 찾아야 될까요?

사방이 모자뿐이다
눈코 없는 얼굴들

빵의 시간

밀가루에 설탕을
조금씩 집어넣고

봄빛 한 스푼과 구름의 효모까지
최대한 잘 반죽해서 햇빛 이불 덮어둔다

두 눈이 숨죽이다 두 귀가 끓었을 때
봄봄봄 꽃사태가 한가득 몰려오듯
봄날은 온갖 빵틀에서 색색으로 부푼다

어린 날 엄마 냄새
데려오는 빵의 시간

새콤달콤 쌉쌀하게 격렬하게 포옹하듯
사르르 녹아내린다

오월의
폭설이다

피자두

수도원 담장 아래
피자두를 심었다

금기는 호기심과 욕망을 늘 불러와

밤마다 용서를 빌며 애정소설을 읽었다

간음은 수시로
빨간 잎을 돋워냈고

자두는 밀어처럼 검붉게 익어갔다

고해의 종을 울려도 오랫동안 달콤했다

붉은 시

희미한 단어들이 불안하게 흔들려요
첫 시집의 추위를 서랍 속에 넣어두고

잎들이 돋기도 전에
변명을 읽었어요

얼음 박힌 이론들이 봄 없이 사라졌고
딱딱한 시어들이 돌부리에 넘어져도
감정의 혓바닥에서 사탕만 좋아했어요

세모 네모 비문은 어둠으로 흘러가고
뾰쪽한 초록들을 거칠게 키워댔죠

바람은 전지적이어서
풀잎이 상냥했어요

뜨거운 햇볕 아래 열기를 흡수하는
여름날의 장미들, 열망의 메타포들

붉은 시,

언제 내게로 소리 없이 들어올까요

트랜스젠더

거울 속 당신은 여자일까 남자일까

팔다리가 가늘다
남자를 닮았는가

쓸쓸한 스무 개 얼굴이 거울을 바라본다

그녀의 집

대중탕을 다녀온 후 은밀한 가려움

델 정도 식초 물도
소용없는 환각의 집

불안과 두려움으로 침대에 누워 있다

병명을 채집하는 고문 같은 오 분 동안
그녀는 추론한다 기억이 오래됐다고
집안이 냉골이네요 얼음이 박혔어요

햇볕을 장기간 복용해야 합니다

기억의 암실도 노출이 필요하듯
그녀의 시든 잎잎에 연둣빛을 높여요

다음이 두려웠다

산책하다 얼굴이 허공에 딱 걸렸다
달라붙은 거미줄, 당신이 있었다

아직도 기다린다고
길을 다 건넜다고

일순간 마주쳤다 창백한 검은 두 눈
한때는 그 길 따라 끝까지 내려갔다

끈끈한 거미줄 속에서
날개를 퍼덕였다

희망 없는 미래가 공중에 떠 있었다
소문만 무성했다 왜 말없이 떠났는지

그날은 비가 많이 내렸다
다음이 두려웠다

제2부

나는 욕망한다
—숟가락 여인*

부러진 가지들이 방 안에 쌓여 있는

햇빛을 못 받은 여름이 썩어간다
밖에는 사과를 들고 지나가는 행인들

세상의 흐름 속에 늦가을의 고백도
흰 종이로 날아가고 문들은 다 닫히고

매일의 침대 위에서 식물표본을 읽는다

손과 발이 구겨지고
얼굴 뭉텅 지워진

썩어도 썩지 못한 사십 년 늙은 여자
무엇을 중얼거리며 무슨 꿈을 꾸는가

---

*알베르토 자코메티의 작품 이름.

물렁한 핸드폰

오늘의 얼굴과
다양한 음식들을

식탁 위 흰 접시에 올려놓은 차가운 손길

예쁘다 정말 맛있다
요구하는 너의 은유

손바닥 화면에 뜬 웜홀의 기호처럼

반짝이는 입술들,
너와 나 복제하기

좋다고 멋있다고 하는 멘트 속의 숨은 실체

창문마다 자라는
거울 속의 욕망들

빨간 발톱 흰 토끼를 따라가는 발자국들

수많은 당신과 내가
뼈도 없이 흔들리고

에돌아 왔다

비가 오면 소름 돋아
흘러내리는 꽃잎들

어둠이 오면 파고드는 당신의 기억들

나는 왜 멀리서 울었을까

마음이 쏟아질까

눈물을 안 흘리려고
사랑을 에돌아 왔는지

바람이 끝도 없이 허공 속에 검어지는

푸석한 마른 꽃잎에 빗방울이 들이친다

멜랑콜리 음악을 듣다

백일홍이 한꺼번에
기억 속에 떨어지고

꽃잎이 귀 끝에서 파르르 소름 돋듯

수많은 순간이 몰려와 슬픔이 뜨거웠다

그때의 너와 나는
방향을 몰랐던 거

우울도 향기 나고 어둠도 희었지만

음악 속 어느 골목에서 우리는 떠나왔다

칸나는 있었어요

미로를 헤매도
시간은 흘러가듯

기억 속 칸나는 언제나 칸나였다

어둠이 무성해질 때
아버지가 돌아왔다

하루라는 것은 별이
등에서 꺼져갈 때

세상은 촛불 하나 켜두지 않았다며
옆으로 길게 눕는다 그늘이 덮어간다

세찬 비에 칸나가
소리 없이 녹는다

햇빛 속에 기린처럼 목을 빼는 잎사귀들

가슴속
붉은 기억만

꽃대를 올려본다

갈림길

현실은 장미보다 완전한 빵이었다

눈 내리는 벌판에서 갈림길을 마주한 날 꿈들이 가방 속에서 빈 노래로 쏟아졌다 당신은 먼저 간 길을 구름의 법칙이라 했다 그 길도 눈 속에서 찾을 수 없는 길이었다 그럼에도 다른 길을 향해 가는 것은 왜일까 절망은 잎사귀 하나 남았을 때나 하는 거지 아무리 소리쳐도 내 안의 먼 길은 끝없이 길을 잃었다 뛰어나갈 발꿈치는 아직도 남아 있나 다 잘린 엔딩들은 시작을 찾고 있나

햇빛이 빈 화분 속에 물음표를 심는다

추운 사랑

행복이 두렵다고 처음으로 고백한 날

당신도 가슴 한쪽
추운 아이 있다고

그래서 개복숭아처럼 다글다글 살자 했다

생각이 다를수록 시선은 구부러져
분홍의 심부를 찍어대며 문 닫을 때
시간은 거울을 죽이고 검은색을 키웠다

못 참겠다 싶다가도
한 호흡 놓는 사이

그늘이 맑아지며 잎잎이 들어올 때

시간은 그의 주름을 꽃이라 읽어준다

사막여자

이혼한 아빠 집에 그렇게 살고 있어

내 삶은 플레이
무의미한 플레이 걸

하룻밤 사랑놀이로 별들을 따곤 해

그런 눈으로 보지 마
힘든 걸 어떡해

기댈 곳이 필요해 옷깃이라도 잡고 싶어

슬픔이 흐드러지면
온몸에 바람 들어

다음날 사막이어도
외로움에 충실하지

쾌락은 어둠이야
살아남은 무덤처럼

끝없이 모래가 되는데 별들은 더 아름다워

장미의 서랍

장미의 향기는 열어놓은 서랍이에요

거울에 쏟아놓은 얼굴들의 붉은 화장

꽃들의 공동체적인 번뇌일 뿐인 걸요

이해하지 못한 꽃들은 아래로 내려가요

진흙탕에 빠지고 얼룩을 남기지만

여름이 다 가기 전에 우리는 살아야 해요

뜨거운 여름날 단내 나는 향기 속에

쾌락은 부정도 아닌 한계에 도달해요

우리는 피투성이로 마지막 분신을 해요

흰색의 저항

풀밭이 시끄러워 문을 다 닫았다

흰 눈이 쌓이고 추워지기 시작했다

아이는 어설픈 문장에
사과꽃을 그렸다

세상 모든 꽃들의 목소리가 들렸다

흔들리고 쏟아지는 모든 것을 삼켰다고

문장이 종일 울었다
유년은 흰색이었다

꿈
—달리

창문마다 시계가 기린처럼 길어지고
노래를 잃은 그녀 오늘이 남았나요

당신은 가방을 심고
사과를 땄을 거야

기억의 공간에서 꿈들이 이어지죠
없는 사과가 가방에서 쏟아지는데

세상의 모서리에선
나는 이미지예요

나를 닮은 그녀가 나를 끌고 말해요
실재와 기억은 상상의 차이라고

사과 속 꽃나무들은
언제나 있었다고

당신의 정원에선 다른 내가 있었어요
나무가 호수 속에 코끼리로 태어나는

당신의 시간 속에서
꽃나무가 보였어요

상실이었다

창밖에 비가 온다 자두가 떨어진다

물에 젖은 붉은색은 싱싱하고 단단했다

입 안에 침이 고였다 통째로 입에 넣었다

아무 맛도 없는 맛 내 안의 빗물이었다

기억이 많은 여름은 웅덩이만 만들었다

자두를 잃어버렸다 장마가 지속되었다

자작나무

군중 속 고독처럼 흰빛을 세우고
겨울을 집어넣자 첫눈이 내렸다

북풍을 쏟아부으며
오랫동안 갈필한다

외로운 시간만큼 겹겹의 흰색들
햇빛이 눈감으면 생겨나는 검은 눈들

한 마리 눈표범 되어 먼 곳을 응시한다

얼룩말 튤립

우르르 산수유가 몰려왔다 떠나간 후

딱딱한 봉오리로 혼자 있는 당신 따라

달빛이 가까이 부푼다
국경은 아직 멀다

시대의 잎은 푸른데 방패만 많아졌다

식은 밥에 돌덩이를 던져주는 사람들

부풀은 꽃잎 사이로
침묵만 생겨난다

언제나 변수는 시절의 변화였는지

줄이 간 손가락 꽃잎 땅 위에 떨어진다

바람에 흔들리는 노래
저녁은 있는 건가

미끄러지는 것

종일 비가 내린다
월요일이 흥건하다

발을 놓을 때마다 미끄러진 시간들
자신을 믿을 수 없어 한없이 어두워진다

고개를 들어봐도
너머는 안 보이고

비에 젖은 시간들이 모든 것을 지워도
다음날 햇살이 들면 잎들이 붉어지듯

다 젖은 발자국도
햇빛에 눈을 뜰까

매일의 반복 속 미끄러진 자신 앞에
미래란 두려운 거야 빗물을 이제 이해해

노마드

원고지 백면 위로
비행기가 날아가고
또 시작인가 하다가
비행기 또 날아가고
소리가 가까울수록 풀들이 쓰러진다

더위가 몰아칠 듯 공기가 가라앉고
폭탄을 투하하듯 햇볕씨 촘촘 박는다
현기증 극서정일까
우르릉 쾅, 저 여우비!

누구에겐 리얼리즘 안전한 일상이지만
길 중간에 서성이는 이유 있는 노마드
결론은 미정이었다,
바람 불어 괜찮다

그녀의 토마토

붉은색 토마토에 장마가 들어서자
어둠이 고여 들고 독성이 커져갔다

남편의 코끼리 가방은
풀만 먹고 팽팽하다

가방을 열수록
소설이 길어지고

매일의 식탁에서 꽃잎이 말라간다

모른 척, 서로를 믿는다
저녁이 짧아졌다

제3부

정육점에서

유리창 불빛 아래
붉은 꽃 맨드라미

어젯밤의 벼락에 목이 꺾인 단면들

새빨간 발자국들이 새겨진 살덩어리

지금은 눈귀가 필요 없다 일축하듯
여기에 남은 자는 살아야 한다는 듯

아프간 긴 공습에도 식탁은 만찬이다

눈을 닫은 현실은
혼자서 배부르고

풀밭에 들려오는 먼 나라 총소리에도
일상의 소파 위에서 구름과자를 먹는다

모과의 민주주의

진액이 흘러내린
벌레 먹은 모과들

화지에 울퉁불퉁 모과는 불평등했다
독과점 오렌지보다 향기는 드높았다

샛노란 모과는 나만의 이기주의

흠집이 아름답다
무질서도 자유라고

노랑이 점점 깊어졌다 갈색이 되어갔다

아프리카
— 원색의 침묵

검은 흙을 파내며
뿌리를 기억했다

원색의 침묵은 반쯤 감은 눈이라고

문명의 그늘에서도 저녁은 숨을 쉬듯

저 멀리 보이는
빈 바구니 인 여인네

몇 리일까 허기도 지평처럼 고요하다

어둠 속 하얀색처럼 어린 눈만 반짝인다

녹색 감자

감자는 죄가 있어 햇빛을 싫어하니

망치와 TV가
브로콜리
잘라내듯

칼날은 그 식물들을 쉽게 쳐 내려간다

의심과 거짓말을 일삼는 신문들은

흰색은 그냥 싫어
이유 없는
이유야

모든 귀 막아버리고 검은 죄를 생산하고

다 털고 털어봐 우리는 감자를 믿어

한번쯤 기억해봐
칼날을 문 무의 반란을

햇빛 든 녹색 감자의 혁명이 두려울 거야

악어의 시간

왼손과 오른손을
깍지 끼고 바라보니

이빨을 꽉 앙다문 악어처럼 보인다
그렇게 악어가 되어서 당신을 기다린다

악어새나 파리가 들끓고 있더라도
늪지대의 고요를 하얗게 삼킬 때까지

가정은 안전하였고 남편도 평온했다

이것도 인생이라 시간을 다독이지
답답한 수평들이 황혼을 물어뜯고

당신이 가끔 무서워
너무나 조용해서

기린이 있었다

어둠의 통조림에 익숙해진 가족들

토마토, 오이가 어려워진 식탁에서

기린이 필요하다고 아버지는 늘 말했다

식물을 부정하는 내 안의 검은 피들

피 끓는 사자가 흰 기린을 뜯어먹듯

식탁 위 식물의 순응에 반기한 검은 욕망

육식의 의자에서 어둠의 커브에서

체제가 깨지고야 눈에 들어온 구름 계단

등 뒤로 잎 하나 자라나, 목이 길어진다

우리의 카르텔

우리는 일 퍼센트
흰 튤립을 갖고 있어

아무도 못 건드려 꽃병들은 아주 많아
시소는 평등했다고 우겨대도 그들은 몰라

펄펄 끓은 국물을 공기대접에 넣고는
차갑다고 말해도 신처럼 그냥 믿어

결말은
무조건 화이트

눈 가리고 야옹은 쉬워

지금도 초콜릿을 못 잊는 이들은
그 시절이 좋았다고 너무 쉽게 등을 보여

우리는 살아있는 의자야 역사도 그래 왔어

흰빛

자수(刺繡)를 수놓던 손놀림이 멈췄다

언니의 자수틀에 흩날리는 눈발들

초록이 너무 아프다며
흰빛을 덮어썼다

창백해도 어여쁜 한 생애의 끝에서

영원히 녹지 않을
눈꽃이 피었다

훗날을 기약하자는 전언을 받아 적었다

그림을 그릴까요

오늘은 어떠신가요
그림을 그릴까요

나무를 그린다 뿌리 없는 몸통 나무

몸통의 흰 건반에서 검은 잎이 떨고 있다

고아의 긴 시간은
바랄긴*을 키웠지요

머리가 맑아지면 내일을 기다렸고

고독도 희미해질 거라 하지만 추웠어요

아침마다 일어나면

냉기들의 비명에

꿈속인 듯 착각해요 기억이 말했어요
유넌의 헛뿌리들도 뿌리를 그린다고

---

*바랄긴: 두통약.

실종

동생이 사라졌다 집안이 뒤집혔다
죽어라 이십 년을 찾으러 다닌 아빠
엄마는 집을 나간 후 시간이 멈추었다

과거형인 오늘과 현재형인 어제가
한 울타리 안에서 조용히 번뜩였다
단서가 단서를 찾아 어둠 속을 헤맸다

모래폭풍 한가운데 들어앉아 늙어가는 집
오히려 죽었다면 잔인할지 모르겠어
지금이 없는 현실에서 숨을 못 쉬겠어

일상을 갖고 싶은데 기억은 늙지 않아,
같은 시간 속에서만 눈빛이 달라졌다
창문은 내내 투명했다 후일담만 남았다

호르몬

투명한 거짓말로 일관하는 공장들

우리의 일상들도 깨끗함을 완성하려

어둠을 다 쏟아붓고 내장까지 뱉는다

빨간 멍, 버짐 피부, 화장품 냄새나는

등 굽고 아가미 없는 붕어와 숭어들

폐허의 긴 강물에서 집단적 발명*이 태어난다

---

*르네 마그리트 그림.

두더지

검은 흙을 파낼 때면 가위에 눌렸다
햇빛의 면류관을 니체가 말했을 때
빛들을 느낄 수 없어 모든 걸 부정했다

퇴화된 눈으로나 직감할 수 있었던
풀뿌리를 스쳐간 바람의 손길을
가끔씩 위안이라고 생각한 적 있었다

캄캄한 흙 속에 전구를 달아놓고
나만의 방향계로 마음이 환해질 때
어둠은 운명이라고 소리친 적 있었다

늦가을 질문

한순간
은어 떼처럼 가을이 돌아왔다

깨알이 쏟아지고 콩꼬투리 타다닥

혓바닥 벌름거리며
코끼리를 몰고 왔다

세상 들녘 낮은 등에 콩새가 살풋 앉고
고라니 뒷발질에 억새풀이 출렁인다

살 만큼
잘 살았니 하는,

늦가을의 질문들

맨드라미

어느덧 가을이야
무엇을 기다리니

내 몸속 어딘가에 붉은 살이 남았는데

문 앞의 길들은 멀어지고
꽃비늘만 떨어져

한때의 여름날이 점점 붉어지는데
대문 밖 풍경이 진흙같이 무거워져

시간은 혼자라는 것을 이해하게 해줬지

지금도 재봉하느라 바닥에 붙어살아

여름을 떠나가면
여름이 태어날까

올 거야,

하얀 거짓말을 믿고 싶을 때가 있어

녹색

아무리 가물어도 나뭇잎은 무성한데

미래 없는 녹색은
당신에게 무덤인가

며칠째 방에 박힌 채 나오지를 않는다

계약에 지배당한 자신을 어찌할까

얼굴은 어디로 갔나
기척은 있는데

흰빛은
햇빛에 돋는 걸까

전화기가 울린다

불가능한 상상

열대어가 가득한
어항 속에 들어가

체면도 빠뜨리고
명예도 팽개치고

무늬만
뒤집어쓴 채
금붕어로 살고 싶다

사과의 진실

한꺼번에 쏟아지는
거울 속 풋사과들

못 참겠어 푸른 것도 빨갛다고 생각해
안과 밖 믿게 만드는 것 그것이 진실인 듯

뉴스도 신문도 사람도 다 튀어나와
하루 종일 입에서 검은 똥을 줄줄 뱉어요
항문은 양심적이라고 변기가 말했어요

그래도 생각해요,
사과꽃의 고요를

가을은 가을답게 사람은 사람답게

사과는
사과꽃 향기를 잊지 않고 기억해요

제4부

고흐의 구두처럼

구두를 벗지 못한 고흐의 발에게
엉덩이를 파먹는 무명의 의자에게
세상은 인상적일 것 없는 풍경만 보여준다

꺼져가는 일몰이 날개를 접기 전에
젖은 손 잡아 끌며 화폭으로 이끈다
고흐의 구두 속에서 심장을 꺼내준다

배고픈 밀밭에서 부르던 너의 노래
스스로 어두워진 내 귀를 일깨우고
멀어진 빛의 안부를 조심스레 묻는다

맥베스

권좌의 잔인함을 의자는 알고 있다

욕망의 잎잎이 그림자 없는 그림자로

괴물이
되어가는 당신

무서움도 잊어버린다

때죽나무 아래

때죽 아래 노부부 붙어 있는 의자 둘
햇빛이 고백할 때 박꽃처럼 웃었고

먹구름 몰려올 때는
서로 몸을 안았다

할머니 틀니는 봄볕 아래 달그락
할아버지 안경 너머 신문은 늘 그렇다고

때죽꽃 피었다 졌다,
의자 하나 비었다

꽃그늘 먼 길 가듯 마음 끝 길어질 때
할아버지 등 뒤로 흰 꽃잎들 쏟아졌다

다음해 의자도 사라지고
대문도 닫혔다

햇빛의 자유

자유란
윤곽 없는 햇빛 같은 것일까

사과의 무게를 이야기하는 그대는
혁명의 사과나무를 심어야 한다고

눈길이 달려드는
자본의 기차 속에

오늘이 불안하듯 사과는 다양하고

완전한 새로운 것을 찾아야 편안한가

강풍에 다 떨어진,
빈 가지만 있더라도

어둠이 어둠에 대해 씨앗을 품으면

마음속
한가운데로 햇빛이 고여 든다

그 여름

아직 남은 소풍을 기억하고 있는 건가

의식 없는 손길이 풀밭으로 향해 있다

머릿속 쐐기풀 돋아 핏물이 고였단다

머리칼 잘라낸다 수북한 검은빛들

저 가시가 등을 찔러 오랫동안 아팠다

짓무른 산딸기 같았다 흐릿해진 숨소리

마당에 자라지 않는 백일홍만 남아 있다

수시로 빠지는 자궁을 집어넣은 엄마

여름내 파리가 들끓더니 고요히 썩어갔다

천년*

사체 밑 무언가 꿈틀대는 생의 표정

삶이란 썩은 몸에서 쏟아지는 구더기들

죽음의 지느러미에 대해 역설하는 쇠파리

운명의 비관자는 육체를 두려워한다지

부패한 연한 살을 황홀하게 먹어대며

식탁 위 해골을 올려놓고 어둠을 노래한다

죽음은 상상한다 너와 나는 하나라는

구더기가 파리로 파리는 구더기로

죽음이 창문 너머로 웽웽거리며 날아간다

---

* 데미안 허스트 작품 〈천년〉(1989년). 유리 상자 속에 소의 머리가 담겨져 있다.

연민

명치가 아려오면 가족이 된다는데

국화의 향기가 빠져나간 저녁이면 친구의 부고가 눈앞에 머물렀어 의사가 그랬어 후회는 남는다고, 천천히 왔던 길을 다시 가는 길이라고…… 숨을 참는 바람에 길의 방향을 몰랐어 구두를 신고 보니 꽃의 방향을 알았어 이해는 감정에만 꽃다발을 얹는다네 아이는 아니란 듯 너와 나는 다른 핏줄이야

손바닥 뒤집어볼게, 당신은 새엄마잖아

충동

아빠가 떠났어요 나비도 잃었어요

아파트 허공이 솜이불처럼 보여요

창밖을 내려다보면 아름다운 꽃밭이에요

한순간 아찔해요 엄마가 잡았어요

꽃들이 피어나도 꽃 같지 않았어요

붉은색 살점을 떼어내면 나비가 될까요

자화상

어항 속 금붕어는 일상이 심심했다

모험이 필요했다 용기가 필요했다

야놀자! 어플리케이션,

내려 받을 줄 몰랐다

지하 공벌레

그녀는 젖어 있다 생각을 많이 했다
꽃의 내장이 불어터져 다 보여도
장미는 지하방에서 혼례를 치렀다

당신이 지나간다 정원이 비어 있다
우리에게 여름은 꼬리가 잠깐이었나
장미는 어두운 곳에서 꽃씨를 흔들었다

신은 죽었다 책은 얼룩으로 번져 있고
젖은 도마 위에 생선을 토막 낼 때
벽지는 후줄근하게 옆구리를 벌린다

곰팡이 먹고사는 공벌레가 되어가듯
슬픔도 잊은 듯 안녕안녕 살아간다
그래도 태양 속에서 낮달이 가끔 빛난다

문장만 아름다웠던

어두운 계단에서
우리는 열망했다

좋아하는 소설을 바꾸어 간직한 채
꽃집을 바라보면서 다른 길로 향했다

혼자라는 시간을 곱씹어 생각해도
과거의 문장은 허구도 아름다웠다

저녁이 아름다운 삶이 우리 곁에 있었다

오늘의 비극처럼
내일의 소설처럼

공장에서 늙어버린 초라한 꽃의 시간

문장만 아름다웠던,
젊은 날의 꿈이었다

바이러스
—코로나19

길 위에 흩어지는 어둠의 종소리들
무색무취 공포보다 허기가 무섭다고
담 밑에 모여 앉아서 탄식을 내뱉는다

검푸른 측백나무 흔들리는 교차로
사람들은 양귀비 울타리를 이야기하고
하나 둘 해고당하는 먼지 쓴 노동자들

피 끓은 꽃보다 안 보이는 것들이
세상을 넘나들며 무차별로 총질하고
총 맞은 수만의 사람들이 구덩이에 묻힌다

에테르

무거운 돌보다 에테르를 사랑하듯

네모상자 1그램인 물질을 믿곤 해

황사가 세상을 물들여도 당신은 모르지

눈에 보이는 않는 공기를 의지할까

단단하고 부드러운 무형의 물방울

존재와 비존재 사이에 햇빛이 갈등한다

닮았다

바람 난 아버지를 엄마는 싫어했죠

소고기를 사오면 상했다고 잔소리

남편이 사온 고기를 보고

난 썩었다고 말했어요

하울링

엄마를 떠나보내고
반성만 하던 날

총알은 약한 자의 목덜미를 물어뜯고 어두운 밤 어미 늑대가 죽었나 봐 새끼들이 계속 울어댔어 슬픔은 한순간이야 우리는 감자 몇 알을 앞에 두고 싸웠어 아무도 총알의 자비를 믿지 않아 늑대의 분노는 늑대의 유산, 잃어버린 하울링을 되찾고 싶다면 더 슬퍼해야 해

온몸이 찢어질 때까지
아름답게 울어야 해

해설

일 퍼센트의 흰 튤립과 충실한 재현

김남규(시인)

글쓰기는 말하기와 다르다. 글쓰기는 자신 앞에 펼쳐진 노트 혹은 모니터 앞에서 자신의 심연을 들여다본다. 설령 독백일지라도 개별적 존재 즉, 청자가 반드시 존재하는 말하기와 달리, 글쓰기는 아무도 읽지 않을 가능성과 누가 읽을지 모르는 잠재성을 갖고 있다. 다시 말해 글쓰기는 개별성을 뛰어넘어 다수의 독자를 상정하는 보편성의 영역을 향한다. 더욱이 우리가 감각하고 형상화하는 것은 가능 범위의 현상일 뿐, 현상의 배후를 이루는 세계의 총체는 우리 인간의 영역이 아니다. 그럼에도 불구하고 우리는 우리가 경험하는 현상 세계의 배후를 상상하고 더 높은 원리에 따라 이 세계가 움직인다고 가정해본다. 이 가정이 믿음의 영역에 가깝다면 종교일 것이고, 이성의 영역에 가깝다면 철학일 것이다. 그리고 이 가운데 믿음과 이성의 영역 모두에 해당하는 분야가 바로 보편을 지향하는 글쓰기일 것이다.

따라서 이 글을 쓰는 나를 비롯해 이 시집을 읽는 시인 혹은 독자가 읽어내는 시는, 한 개인의 내적 성찰과 고백을 넘어서 이 세계 전체의 부분으로서의 세계다. "꽃들의/본색만 찾아/아름답다/수군댄다"(「흰색의 배후」)는 첫 시집 『흰색의 배후』(고요아침, 2016)의 표제작에서 알 수 있듯이, '꽃들의 본색' 또는 아름다움을 찾는 일은 세계의 단면을 촘촘히 세워 세계상(world picture)을 구현하는 일이라 할 수 있다. 그러므로 배경희 시인의 이번 두 번째 시집 『사과의 진실』에서 우리가 주목해야 할 것은 시의 내용과 의미가 무엇인지가 아니다. 시가 이 세계를 어떻게 구현하고 있는지, 그래서 시가 어떻게 시가 되는지 밝히는 일이 이 글이 해야 할 일이자, 이 시집을 읽는 당신이 해야 할 일일 것이다.

특히 이번 배경희 시집은 그 무엇보다 이미지가 매우 강렬한데, 이때의 이미지는 사유를 촉발하는 사건이자 리듬으로 기능한다. 이미지 간의 간극과 상호 충돌은 기존의 감각적인 것의 재분배와 차이를 횡단하는 분할선이 된다. "이미지는 마치 혜성처럼 모든 부동적인 지평을 돌파하는, 지나가는 미광", "정치적인 항의·위기·비판·해방을 작동시키는 제일의 주체"[1)]라 할 때, 기존의 이미지—의미 결합체를 문제 삼아 '보는 것'에 대한 '아는 것'의 우위를 포기하는 일이 곧 시의 역할 또는 시에서 이미지의 역할이 아닐까. "고동치는 붉은색 바깥으로 튀어갈 듯/꽃들은 붉은 사자처럼 으릉으릉 절규"(「꽃의 역설」)하고, "외로운 시간만큼 겹겹의 흰색들"과 "햇빛이 눈감으면 생겨나는 검은 눈들"(「자작나무」)이 충돌하며, "몸통의 흰 건반에서 검은 잎이 떨고 있다"(「그림을 그릴까요」). 흰색과 검은색 그리고 붉은색이 교차편집되며 몽타주(montage)로 시집을 구성하고 있다. 이때의 이미지는 대체로 감정의 강렬함(pathos)에서 비롯된 것이기도 하지만, "감정의 강렬함 자체는 아무것도 증명하지 않는다. 그렇다고 그것을 무조건적으로 무시해서도 안 된다."[2] 다만 우리가 여기서 주목해야 할 것은 (잘) 보이지도 않고 언어로 (잘) 포착되지도 않는 사물과 세계를 시의 언어로 재현했을 때 혹은 시의 언어로 세상에 없는 세계를 창조했을 때 이 두 세계의 상관관계다. 시—세계와 현실(현상)—세계. 이 두 세계의 관계를 따져보는 일은 곧 시—세계의 가능성과 현실—세계의 부조리를 따져보는 일이 될 것이다.

1) 조르주 디디—위베르만, 김홍기 역, 『반딧불의 잔존—이미지의 정치학』, 길, 2012, 115쪽.

2) 박준상, 『암점 1—예술에서의 보이지 않는 것』, 문학과지성사, 2017, 37쪽.

상처, 찔러 들어오는

최근 인문학과 예술론에서 빈번하게 언급되는 개념이 하나 있다. 바로 '숭고(sublime)'라는 개념인데, 『숭고와 아름다움의 관념의 기원에 대한 철학적 탐구』(1757)에서 에드먼드 버크는 칸트를 경유해, 아름다움(美)은 전적으로 긍정적인 즐거움을 제공해주는 반면 숭고는 고통과 공포를 선사한다고 말한다. 칸트와 버크에 따르면, 숭고에 직면할 때 우리가 겪는 고통과 공포라는 부정성은 우리를 정화(淨化)시켜주며 숭고는 아름다움의 하위개념이 아닌 독립적인 고찰 대상이다. 다시 말해 우리는 아름다움 앞에서 만족(쾌)을 느끼지만, 숭고 앞에서는 동요하고 압도당한다. 이때의 동요는 우리 자신의 무력함에 따른 것이며, 인간 인식으로 가늠할 수 없는 대상의 위력에 압도당할 때 우리는 고통과 공포를 느낀다. 그러나 이때 위력적인 대상은 자연물이나 초자연적인 '것'이기도 하지만, 대상이 없는 불안 혹은 상처 자체이기도 하다. "풀밭이 시끄러워 문을 다 닫았다//흰 눈이 쌓이고 추워지기 시작했다//아이는 어설픈 문장에/사과꽃을 그린다//세상 모든 꽃들의 목소리가 들렸다//흔들리고 쏟아지는 모든 것을 삼켰다고//문장이 종일 울었다/유년은 흰색이었다"(「흰색의 저항」)고 할 때, 어설픈 문장에 사과꽃을 그리고 있는 아이는 '흰색'에 얼마나 버틸 수 있을까.

칠판을 긁었다, 날카로운 금속성

뇌 속에 인지되는 저 비명이 나는 싫다

거대한 공룡이었을까 몸을 숨기고 있나

뭔지는 모르지만 무서운 게 틀림없어

먼 옛날 혹시 나는 고라니 염소였을까

내 몸속 기억하는 것, 강한 것의 두려움들

연둣빛 풀들 사이 검은색이 꿈틀한다

천년의 고요를 심장 속에 감추었나

한겨울 바람 소리에도 온몸이 붉어진다

—「검은 DNA」 전문

이번에는 검은색이다. "날카로운 금속성"의 그것은 "뭔지는 모르지만 무서운 게 틀림없"으며, 그것으로 인해 "내 몸속 기억하는 것, 강한 것의 두려움들"이 몰려온다. 나는 "고라니 염소"처럼 한없이 미약하다. "연둣빛 풀들"이 있는 벌판을 떠올려봐도 검은색은 '꿈틀'한다. '꿈틀'은 몸의 한 부분을 구부리거나 비틀며 움직이는 모양을 뜻하는데, 그 작은 동작에 심장 속에 감춘 "천년의 고요"가 일어선다. 아니, '천년의 고요'가 꿈틀한다. 주체를 압도한다. "한겨울 바람 소리에도 온몸이 붉어"지는 주체는 '검은 DNA'를 가지고 있다. '검은 DNA'는 아마도 시적 주체의 몸이 기억하는 '강한 것' 그리고 이 '강한 것'에 따른 '두려움'일 것이다. 지금 '검은 DNA'가 주체를 응시하고 있다. "창밖을 내려다보면 아름다운 꽃밭이에요/한순간 아찔해요 엄마가 잡았어요"(「충동」). 창밖의 꽃밭이 주체를 응시하고 있다.

물속의 꽃다발을 지그시 누르면
떠오르려 발버둥을 치는 꽃 이파리
더러는 물에 잠기기도 해
그것은 상처야

천천히 바닥으로 깊이 가라앉을수록
얼굴이 사라지고 바람도 날아가지
봄날을 살풋 두드리던 요일이 지워져가

탁한 물병 속에서
꽃잎은 조용했어

침묵을 앓았던 무의식 인형들이
창문 밖 약국에 가면 우르르 쏟아지듯

상처도 유기체야
익숙해진 어둠처럼

당신의 고요도 오랜 시간이 걸렸다며

의사는 붉은 열매를 먹으라고 처방했어

—「당신의 고요」 전문

상처에 대한 적확한 비유를 본다. "물속의 꽃다발을 지그시 누르면/떠오르려 발버둥을 치는 꽃 이파리"가 바로, 상처다. "천천히 바닥으로 깊이 가라앉을수록" 상처의 얼굴은 사라지고 요일도 지워져 간다. 그러나 그 상처들은 "탁한 물병"에 조용히 꽂혀 있고 더러는 꽃펴 있을 것이다. 그러나 멈춰 있는 정물과 다르게 "침묵을 앓았던 무의식 인형들"은 약국 앞에서 우르르 쏟아진다. 물병에 있는 상처는 그렇게 꽂혀 있을 수 있는 상처고, 약국 앞에 쏟아질 상처는 그렇게 쏟아져야 하는 상처다. 그렇다. 상처는 유기체다. 우리가 어둠처럼 익숙해서 인지하지 못했을 뿐이다. '당신의 고요'는 그렇게 물속에 가라앉아 있거나 떠올랐거나 물병에 꽂혀 있거나 약국 앞에 우르르 쏟아진 상처'들'의 세계다. 그러나 '상처들의 세계'는 언제나 우리를 보고 있다. 더 정확히 말하자면, 상처들의 세계가 우리를 보고 있는 것을 우리가 본다. 그리고 그것은 우리를 '이따금' 찔러 들어온다. 바르트의 '푼크툼(punctum)'처럼 말이다. 상처는 침묵하며 고요 가운데서 상처들의 세계를 품고 있으며, 세계의 배후 혹은 무한이 상처 안쪽에 있다. 상처라는 덮개. 이 덮개 안쪽의 세계가 우리를 압도하며 덮쳐올 때가 '가끔' 있다. "일순간 마주쳤다 창백한 검은 두 눈"(「다음이 두려웠다」)을 당신도 본 적이 있었을 것이다.

장미의 일, 충실한 재현

화가이기도 한 배경희 시인의 시집에서 이미지가 돌올한 것은 응당 자연스러운 일일 것이다. "세상의 모서리에선/나는 이미지"(「꿈—달리」). 그러나 "화가가 순백의 표면에 있다고 믿는 것은 잘못이다. 화가는 자신의 머릿속에, 혹은 화실 안에 많은 것을 가지고 있다"[3]는 들뢰즈의 지적처럼, 배경희

3) 질 들뢰즈, 하태환 역, 『감각의 논리』, 민음사, 2008, 101쪽.

시인은 순백의 표면을 채우는 것도 아니고 어떤 대상을 재현하는 일도 하지 않는다. 시인은 기존에 덕지덕지 칠해 있던 이미지—의미 결합체를 지우는 데 바쁘다. 그리하여 시인은 '그냥 있는 것'을 그리고 쓴다. 들뢰즈가 화가 베이컨을 통해 회화의 세 요소로 형상(figure), 윤곽(contour), 아플라(aplat)로 보면서 이 세 요소의 움직임을 리듬으로 제시했듯이, 배경희 시인 역시 기존의 클리셰(cliché)를 극복하기 위해 기존의 형상을 뭉개고 형상과 아플라의 교환 장소인 윤곽에 주목한다. "장미를 그리면 장미라고 기억하듯/닫힌 문과 열린 문의 차이를 몰랐"(「그림의 뒷모습」)다는 시인은 이 세계를 (기존의 선입견 없이) '있는 그대로' 충실하게 재현한다.

장미의 향기는 열어놓은 서랍이에요

거울에 쏟아놓은 얼굴들의 붉은 화장

꽃들의 공동체적인 번뇌일 뿐인 걸요

이해하지 못한 꽃들은 아래로 내려가요

진흙탕에 빠지고 얼룩을 남기지만

여름이 다 가기 전에 우리는 살아야 해요

뜨거운 여름날 단내 나는 향기 속에

쾌락은 부정도 아닌 한계에 도달해요

우리는 피투성이로 마지막 분신을 해요

—「장미의 서랍」 전문

"열어놓은 서랍" 같은 "장미의 향기"는 "거울에 쏟아놓은 얼굴들의 붉은 화장"이자 "꽃들의 공동체적인 번뇌일 뿐"이다. 번뇌를 "이해하지 못한 꽃들"은 땅에 떨어져 "진흙탕에 빠지고 얼룩을 남"긴다. 여름 장미는 그렇게 "여름이 다 가기 전에" 살아남아야 한다. 장미가 살아남다니. 매력 발산을 위한 향기를 가진 장미가 아니다. 장미는 "쾌락은 부정도 아닌 한계에 도달"하며 "피투성이로 마지막 분신"을 한다. 장미는 우리 인간에게 아름다움과 쾌락을 주기 위해 피는 것이 아니라 그저 무관심하게 필 뿐이다. '무목적의 합목적성(Zweckmäßigkeit ohne Zweck)'이라는 칸트의 취미판단처럼 장미는 번뇌하면서 피투성이로 끝까지 버틸 뿐이다. 이 모두가 우리 인간과 상관없는 장미의 일이다.

우르르 산수유가 몰려왔다 떠나간 후

딱딱한 봉오리로 혼자 있는 당신 따라

달빛이 가까이 부푼다
국경은 아직 멀다

시대의 잎은 푸른데 방패만 많아졌다

식은 밥에 돌덩이를 던져주는 사람들

부풀은 꽃잎 사이로
침묵만 생겨난다

언제나 변수는 시절의 변화였는지

줄이 간 숟가락 꽃잎 땅 위에 떨어진다

바람에 흔들리는 노래
저녁은 있는 건가

—「얼룩말 튤립」 전문

이제 감각은 우리 인간의 것이 아니다. 감각은 대상(신체)의 것이고 그려지는 것은 대상의 감각이다. "딱딱한 봉오리로 혼자 있는" 얼룩말 튤립 '당신' 따라 "달빛이 가까이 부푼다". "시대의 잎은 푸른데 방패만 많아"진 튤립의 세계, "식은 밥에 돌덩이를 던져주는 사람들"이 존재하는 튤립의 세계는 "부풀은 꽃잎 사이로/침묵만 생겨난다". 이 모든 일은 '변수'이자 '시절의 변화'인데 얼룩말처럼 "줄이 간 숟가락 꽃잎"은 결국 떨어진다. 결국 모든 일은 "바람에 흔들리는 노래"가 되었다. 얼룩말과 튤립이, 혹은 주체와 얼룩말과 튤립이 어떤 관계인지 우리는 알 수 없다. 다만 이러한 새로운 관계 설정은 이미 규정된 의미 생산 코드에 분열과 혼란을 일으켜 새로운 감각을 촉발시킨다. 이를 들뢰즈식으로 '돌발 흔적(diagramme)'이라 말할 수 있다면, 배경희 시인의 '시—회화'는 기존의 관습적 재현 체계 그리고 형상을 벗어나 새로운 그 무언가를 저 밑바탕에서 끌어올리려는 시도가 아닐까. 또한 장미와 튤립 등의 감각을 통해 시인 스스로 식물이 되거나 타인이 될 수 있는 가능성을 보여주면서 자신을 하나의 정체성에 한정시키기 않는 '—되기'의 시 쓰기는 시—세계의 영역을 더욱 확장시키는 작업이 될 것이다. 당연히, 시인 스스로의 존재 지평도 끝없이 확장될 것이다.

찌그러지고 조각난 형식, 시

그러나 "우리의 생각에 질감과 힘을 주는 것은 현실과의 관계일 뿐"[4]이라는 김우창의 지적처럼 문학이 환상(fantasy)의 영역에만 '온전히' 머무를 수는 없다. 어떤 환상이든 현실과 접면을 공유하고 있다. 예컨대 "나무를 그린다 뿌리 없는 몸통 나무"(「그림을 그릴까요」)를 그린다고 할 때, 시인은 뿌리를 제거한 것이지 뿌리가 애초에 없었던 나무를 그리는 것은 아니다. 중요한 것은 '뿌리 없는 몸통 나무'가 왜 출현했는가, 그리고 이 나무는 시 안에서 어떤 역할을 감당하고 있는가, 그래서 이 나무는 어떤 세계를 지시하고 있는 것인가이다. 이는 "시는 현실에 내재하는 현실 아닌 것의 알레고리"[5]라는 황현산의 지적처럼, 일상 언어에 균열을 내거나 누빔점으로 기능하는 '찌그러지고 조각난 형식'이자 '현실 아닌 것'이다. 결국 알레고리는 시—세계의 지경을 넓히지만, 현실—세계의 반영이기도 하다. 총체성에 기입되지 않는 파편화된 현실, 본질적이고 튼튼하다고 믿었던 삶의 토대가 폐허 혹은 비극이 되어버린 현실에서 알레고리는, 기존의 분할과 규범의 기만을 폭로하고 비극적 현실을 드러내며 세계의 배후 또는 무한과 실재의 틈입을 증상으로 보여준다.

---

4) 김우창, 『궁핍한 시대의 시인』, 민음사, 1977, 274쪽.

5) 황현산, 『잘 표현된 불행』, 문예중앙, 2012, 86쪽.

어둠의 통조림에 익숙해진 가족들

토마토, 오이가 어려워진 식탁에서

기린이 필요하다고 아버지는 늘 말했다

식물을 부정하는 내 안의 검은 피들

피 끓는 사자가 흰 기린을 뜯어먹듯

식탁 위 식물의 순응에 반기한 검은 욕망

육식의 의자에서 어둠의 커브에서

체제가 깨지고야 눈에 들어온 구름 계단

등 뒤로 잎 하나 자라나, 목이 길어진다

—「기린이 있었다」 전문

'상징'에 익숙한 우리에게 인용 시는 하나의 의미로 환원되지 않으며 이미지들의 상호 간섭이 시를 끌고 간다. 모든 은

유가 겹치면서 행간에 혼란을 일으키며 삶의 비극성 또는 세계의 부조리를 보여주고 있다. “당신의 가슴속에 갸릉갸릉 들끓는/붉은색 여우 한 마리를/몸에서 꺼내 봐요”(「목기린」). 동물들의 세계는 육체의 욕망으로만 움직인다는 점에서 유물론적인 인간의 알레고리로 작동한다. 반면에 “토마토, 오이가 어려워진 식탁”에서 “식물을 부정하는 내 안의 검은 피들”과 “식탁 위 식물의 순응에 반기한 검은 욕망”은 “육식의 의자”, 어둠의 커브”를 만들어낸다. 기어이 “체제가 깨지고야 눈에 들어온 구름 계단”이 있었고, “등 뒤로 잎 하나 자라나, 목이 길어진” 기린이 등장한다. 뚜렷한 인과와 목적을 알 수 없으나, 사건이 한순간에 일어났다. “기린이 필요하다”는 아버지의 말 때문이다. 그러나 “피 끓는 사자”의 등장은 아버지의 말이 지켜지기 어려움을 보여준다. ‘체제’는 그렇게 늘 유지되기 어렵다. 아니, 체제는 늘 깨지라고 존재하는 것인지도 모른다.

우리는 일 퍼센트
흰 튤립을 갖고 있어

아무도 못 건드려 꽃병들은 아주 많아
시소는 평등했다고 우겨대도 그들은 몰라

펄펄 끓은 국물을 공기대접에 넣고는
차갑다고 말해도 신처럼 그냥 믿어

결말은
무조건 화이트

눈 가리고 야옹은 쉬워

지금도 초콜릿을 못 잊는 이들은
그 시절이 좋았다고 너무 쉽게 등을 보여

우리는 살아있는 의자야 역사도 그래 왔어

—「우리의 카르텔」 전문

역사와 총체성에 기대왔던 "우리는 살아있는 의자야 역사도 그래 왔어" 하고 말할 수 있었다. 그러나 초라한 현실과 파편화된 개별적 존재들로 인해 역사와 총체성 그리고 질서와 규범은 이제 가상이었음이 밝혀졌다. 이제 우리의 삶은 전체 속의 부분이 아니라 조각난 거울 중 하나("일 퍼센트/흰 튤립")가 되었다. 물론 조각을 모두 맞춘다고 해서 완전한 거울이 만들어지지도 않는다("시소는 평등했다고 우겨대도 그들은 몰라"). "펄펄 끓은 국물을 공기대접에 넣고는/차갑다고 말해도 신처럼 그냥 믿"었던 때, "결말은/무조건 화이트", "눈 가리고 야옹은 쉬"웠던 시대가 오히려 좋았을까. "그 시절이 좋았다고 너무 쉽게 등을 보"였던 '우리들의 카르텔'은 깨졌다. 우리는 이제 각자 '일 퍼센트의 흰 튤립'으로 존재하며, 우리가 있을 꽃병은 무한하다.

한꺼번에 쏟아지는
거울 속 풋사과들

못 참겠어 푸른 것도 빨갛다고 생각해
안과 밖 믿게 만드는 것 그것이 진실인 듯

…(중략)…

그래도 생각해요,
사과꽃의 고요를

가을은 가을답게 사람은 사람답게

사과는
사과꽃 향기를 잊지 않고 기억해요

—「사과의 진실」 전문

"안과 밖 믿게 만드는 것 그것이 진실인 듯" 우리는 살아왔다. 그러나 시적 주체는 "한꺼번에 쏟아지는/거울 속 풋사과들" 앞에 "못 참겠어 푸른 것도 빨갛다고 생각"한다. 그것이 "사과꽃의 고요"이며 "가을은 가을답게 사람은 사람답게" 그리고 사과를 사과답게 보는 방식이라 생각한 듯하다. "사과는/사과꽃 향기를 잊지 않고 기억"하기 때문이다.

요컨대, 눈에 보이는 것보다 대상을 만지고 느끼고 싶어 하는 폴 세잔처럼, 배경희 시인 역시 눈에 보이는 것 그리고 그것을 그대로 재현하는 것이 얼마나 허상인지를, 그래서 기존의 이미지—의미 결합체가 얼마나 허약한 결합인지를 드러내는 이번 시집은, 충실한 재현이 시인의 기율임을 잊지 않으려는 윤리를 발견할 수 있다. 시인은 세계에 고립된, 세계에서 소외되고 상처받은 시적 주체를 내세워 삶의 부조리와 세계의 불행을 알레고리로 보여주면서, 부조리와 불행이 시어로 전경화되기보다는 배경으로 물러나 있는 동시에 부조리와 불행이 더는 낯선 풍경이 아닌 일상의 일부임을 드러내고 있다. 시인은 찌그러지고 조각난 시—세계로 현실—세계를 모방하거나 재현하지 않고, 시—세계에서 피폐하고 부조리한 현실—세계를 본다. 이것을 가능하게 하는 것을 우리는 시의 리듬이라고 부르고, 이러한 세잔의 의심[6]을 거두지 않는 자를 우리는 시인이라 부른다.

6) 모리스 메를로퐁티, 「세잔의 의심(Cézanne's Doubt)」(1945). 메를로퐁티는 세잔의 화법을 분석한 글에서 세잔이 눈에 비친 상을 그대로 캡처하여 살아있는 지각을 얻기 위해 전통적인 미술의 기법들을 어떻게 포기했는지 서술한다. 메를로퐁티에 따르면, 세잔은 그의 눈에 보이는 것을 생각하기보다는 보고 느끼고 싶어 했으며, 궁극적으로 세잔은 보는 것이 곧 만지는 것이 되는 경지를 추구했다.

시인동네 시인선 183

사과의 진실

ⓒ 배경희

초판 1쇄 인쇄 2022년 9월 1일
초판 1쇄 발행 2022년 9월 8일
지은이 배경희
펴낸이 김석봉
디자인 헤이존
펴낸곳 문학의전당
출판등록 제448-251002012000043호
주소 충북 단양군 적성면 도곡파랑로 178
전화 043-421-1977
전자우편 sbpoem@naver.com

ISBN 979-11-5896-558-7 03810